camino.

gemeinsam auf dem Weg

Rainer Haak

leise höre ich ihn lachen

Begegnungen
mit Jesus

camino.

Inhalt

Leise höre ich ihn lachen

Es gibt Menschen, die wenden sich von Jesus ab, weil sie die endlosen Diskussionen um ihn leid sind. Was soll das heißen: Er ist von den Toten auferstanden? Hat er Wunder gewirkt? Sind seine Worte spätere Dichtungen der ersten Gemeinden? Ist Jesus tatsächlich Gottes Sohn, und was bedeutet das?

Durch noch so viele Diskussionen und Erörterungen werden wir uns Jesus kaum nähern. Er bleibt für uns blutleer, eine Gestalt aus der Antike, die 2000 Jahre und noch mehr unbeantwortete Fragen von uns entfernt ist.

Es gibt Menschen, die davon berichten, von Jesus tief berührt zu sein. So wie Jesus damals Menschen berührt hat, so sagen sie, sei das auch heute möglich.

Ich bin inzwischen fest davon überzeugt, dass der christliche Glaube nur mit dieser »Berührung« tief ins Herz, in die eigene Seele hinein eine Zukunft haben wird. Ein »Glaube«, der nur im Kopf existiert, ist weder attraktiv noch wirklich lebendig.

Die Texte in diesem Buch berichten von meiner persönlichen Suche nach der Nähe Jesu. Ich habe mich in die alten Überlieferungen hineinversetzt, ganz offen für eine Begegnung mit dem lebendigen Jesus. Die Erfahrungen haben mich im besten Sinne des Wortes »umgehauen«. Und mir wurde schnell deutlich, dass die Nähe Jesu immer eine heilende Nähe ist.

Es war und ist für mich keine Reise in eine ferne Vergangenheit, sondern in meine eigene Tiefe. Denn dort, in meiner Seele, ist er lebendig. Nicht, weil ich selbst Gott wäre, sondern weil Gott mir unendlich nah ist, mich erfüllt und umgibt und weil sein Licht (auch) in mir leuchtet.

Berührt von Jesus, das bedeutet für mich: Ich werde von ihm aufgerichtet und niemals niedergedrückt. Ich werde von ihm mit Liebe beschenkt und niemals in Angst versetzt. Ich bin von ihm ins Leben gerufen und niemals zum Opfer verdammt.

Die einzelnen Texte entstanden, als ich tief in die überlieferten Worte und Begebenheiten eingetaucht bin. Was dort für mich »lebendig« wurde, hat auf den ersten Blick vielleicht wenig mit der alten Überlieferung zu tun, und doch glaube ich: Es ist gerade diese alte Überlieferung, die da lebendig wird.

Ich lade Sie ein, Jesus auf neue Weise zu begegnen. Vielleicht spüren Sie schon bald seine Nähe – und hören ihn leise und liebevoll lachen.

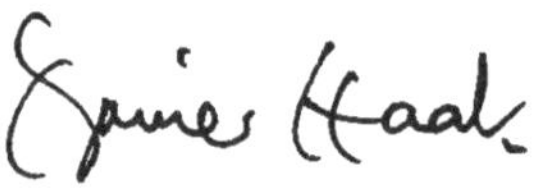

Jesus, der Tänzer

Wer leben will,
muss tanzen können,
niemals erstarren,
immer frei!

Wer leben will,
muss tanzen können,
im Freudentaumel
und im Schmerz,
niemals gebunden,
immer frei!

Wer leben will,
muss tanzen können,
die Augen offen
und das Herz,
fest auf der Erde,
den Blick ins Licht.

Und wenn wir tanzen
Tag und Nacht,
hat erst dein Tanz
uns frei gemacht!

Da kam ein Licht in diese Welt

Am Anfang war ein kluger Geist,
ein weises Wort, ein Grundprinzip –
unzählige Gedankenspiele.

Du kannst es glauben oder nicht,
wie diese Welt entstanden ist,
es ändert nichts in deinem Leben.

Da kam ein Licht in diese Welt.
Es ist so klein, du siehst es kaum.
Die andern Lichter sind viel heller.

Doch heute strahlt es in dein Herz,
und langsam weicht die Dunkelheit.
Der Anfang eines neuen Lebens.

Nicht kluge Worte, sondern Licht,
statt Angst vor morgen neuer Mut –
das Ende der Gedankenspiele.

JOHANNES 1,1–18

Auf dem Weg nach Bethlehem

Auf dem Weg nach Bethlehem
kann dir ein Hungernder begegnen,
wenn du ihm zu essen gibst,
wird er dich segnen.

Da leuchtet das erste Licht,
ein warmer, matter Schein.
Du schaust in sein Gesicht.
Wer kann das sein? Wer kann das sein?

Auf dem Weg nach Bethlehem,
kann dir ein Flüchtling begegnen,
und wenn du ihm Heimat gibst,
wird er dich segnen.

Da leuchtet das zweite Licht,
ein warmer, matter Schein.
Du schaust in sein Gesicht.
Wer kann das sein? Wer kann das sein?

Auf dem Weg nach Bethlehem,
kann dir ein Gefangener begegnen,
und wenn du ihm Hoffnung gibst,
wird er dich segnen.

Da leuchtet das dritte Licht,
ein warmer, matter Schein.

Du schaust in sein Gesicht.
Wer kann das sein? Wer kann das sein?

Auf dem Weg nach Bethlehem,
kann dir ein Weinender begegnen.
Wenn du ihm ein Lachen schenkst,
wird er dich segnen.

Da leuchtet das vierte Licht,
ein warmer, matter Schein.
Du schaust in sein Gesicht.
Wer kann das sein? Wer kann das sein?

MATTHÄUS 2,9 • MATTHÄUS 25,31–46

Wenn es hell wird

Es werde Licht,
so heißt es am Anfang in der Bibel.
Und es wurde hell,
immer wenn die Sonne schien,
und wir badeten in ihren Strahlen.

Doch oft blieb es dunkel –
tief unten im Keller
und in den langen Stunden der Nacht.
Und manchmal spürten wir
die Dunkelheit auch tief in uns.

Jesus, du bist das Licht der Welt,
so hast du gesagt.
Doch du bist kein fernes Licht,
das oben am Himmel leuchtet,
kein Leuchtturm am Horizont.
Du bist das Licht der Welt,
das mich durchfluten will,
damit mein Herz hell wird.

Ich wünsche mir so sehr,
dass dein Licht auch in mir leuchtet.

JOHANNES 8,12

Himmel und Erde

Der Beginn war gleich Programm:
Unterwegs ohne festes Quartier,
ohne Sicherheiten
und ohne jeden Luxus.
Die ersten Gäste
kamen draußen vom Feld,
verschmutzt, verschwitzt, verachtet
und ohne festen Wohnsitz.

Der Beginn war gleich Programm:
Der Himmel öffnete sich
und kam der Erde so nah,
dass Himmel und Erde eins wurden.

Der Beginn war gleich Programm:
In den Tiefen dieser Welt
dürfen wir den Atem
des lebendigen Gottes spüren.

LUKAS 2,1–20

Die Augen der Eltern

Brav sollen sie sein und erfolgreich –
das ist der Wunsch der meisten Eltern.
Elternaugen wollen strahlen.

Die Augen der Eltern?
Längst ist es an dir,
deine eigenen Wege zu gehen
und das Leben zu gewinnen.

Du zögerst noch,
weil die Augen der Eltern,
ob traurig oder strahlend,
dich immer wieder daran hindern?

Brav sollen sie sein und erfolgreich –
das ist der Wunsch der meisten Eltern.
Elternaugen wollen strahlen.

Niemand kann für dich entscheiden.
Deinen eigenen Weg findest du erst,
wenn du dich nicht länger
von den Augen der Eltern leiten lässt.

Brav sollen sie sein und erfolgreich –
das ist der Wunsch der meisten Eltern.
Elternaugen wollen strahlen.

Es ist Zeit, dich auf den Weg zu machen.
Und ob brav und erfolgreich oder nicht –
in Gottes Augen bist du für immer
ein wunderbarer, einzigartiger Mensch.

LUKAS 2,41–50 • LUKAS 14,25–26

Tausend Bücher

Heute hat ein Engel
mich ins Licht geführt.
Wunderbare Bilder
haben mich berührt.
Tausend Bücher zusammengetragen,
tausend Aufgaben gelöst –
und da willst du mir sagen,
dass es Engel gibt?
Schloss danach die Augen
eine kurze Zeit.
Spürte Gottes Liebe
eine Ewigkeit.
Tausend Bücher zusammengetragen,
tausend Aufgaben gelöst –
und da willst du mir sagen,
dass es Liebe gibt?
In mir eine Stimme:
»Mein geliebtes Kind!
Glaube fest, dass alle
Gottes Kinder sind!«
Tausend Bücher zusammengetragen,
tausend Aufgaben gelöst –
und da willst du mir sagen,
dass es Wunder gibt?

LUKAS 3,21–22

Nur unsere Seele

Hunger, Durst, Einsamkeit –
wenn es hart auf hart kommt,
bleiben unsere guten Vorsätze
schnell auf der Strecke.
Geld, Macht, Anerkennung –
wie verlockend sind die Angebote,
die nichts kosten,
nur unsere Seele.

Wenn wir in der Wüste
unserer inneren Welt
jede Orientierung verloren haben –
Herr Jesus,
dann trag du uns hindurch
und gib uns die Kraft,
deutlich Nein zu sagen.
Wir müssen nichts gewinnen,
nur unsere Seele.

MATTHÄUS 4,1–11

Maßlos

Du hast sicher einen guten Grund gehabt,
an diesem Fest teilzunehmen.
Man heiratet ja nur einmal.
Allerdings gleich mehrere Tage lang –
man kann das Feiern auch übertreiben.
Moralpredigten lagen dir nicht.
Zum Boykott aufrufen –
spätestens am dritten oder vierten Tag –
war auch nicht deine Sache.

Doch als der Wein ausging,
hättest du still schmunzeln
und einen Sieg des nüchternen Lebens
genießen können.
Schluss mit feiern – ist auch Zeit!
Dann hättest du dich zurückziehen können
in die Stille und Nüchternheit.
Hättest überlegen können,
wo und wann es an der Zeit
für dein erstes Wunder wäre.

Wer jetzt etwas Anständiges
von dir erwartet hatte,
wurde wohl maßlos enttäuscht.
Dein erstes Wunder – Wasser zu Wein –
und das Fest ging weiter!

JOHANNES 2,1–12

Der Blumengarten

Kannst du mir sagen,
wo ich die Blume des Glaubens finde?
Du findest sie tief in dir,
dort, wo sie von deinem Schöpfer
gepflanzt wurde.
Kannst du mir sagen,
wo ich die Blume des Lebens finde?
Du findest sie tief in dir,
dort, wo sie von deinem Schöpfer
gepflanzt wurde.
Kannst du mir sagen,
wo ich die Blume der Liebe finde?
Du findest sie tief in dir,
dort, wo sie von deinem Schöpfer
gepflanzt wurde.
Aber ich sehe sie nicht,
die Blume des Glaubens,
die Blume des Lebens und der Liebe,
es ist doch so dunkel.
Dann öffne die Fenster zum Himmel,
damit genügend Licht hereinfällt.
Sonst können die Blumen nicht blühen.
Und wann blühen sie nun endlich?
Sie blühen ohne Unterlass,
du musst sie nur regelmäßig begießen.

JOHANNES 3,1–13

Bis es Nacht wird

Es kommt der Augenblick in meinem Leben,
da steht es mir wieder vor Augen:
Das kann doch nicht alles sein –
die kleine Eigentumswohnung in der Stadt
oder die Traumvilla am Meer,
die bestandene Prüfung nach drei Jahren
oder der Doktor der Philosophie.
Kannst du mir sagen,
so frage ich in aller Öffentlichkeit
oder heimlich in der Nacht,
wenn niemand sonst meine »Schwäche« sieht,
kannst du mir sagen, ob es mehr gibt,
mehr als hier und jetzt,
mehr als meine beschnittenen Träume?
Und du sprichst zu mir,
zeigst mir wunderbare Bilder,
lässt meine Träume aufblühen
und meiner Seele Flügel wachsen,
berührst mich tief in meinem Herzen –
und ich bin hin- und hergerissen
zwischen Glaube und Verstand,
zwischen Sein und Haben,
zwischen geschenkt und verdient.
Es kommt der Augenblick in meinem Leben,
immer wieder einmal,
und manchmal flüstere ich entschuldigend:
Warte, bis es Nacht wird!

JOHANNES 3,1–13

Ehrengäste

Das gehört sich so:
Die Ehrengäste werden gesondert begrüßt –
die da vorne auf den reservierten Plätzen.
Dort thronen sie für alle sichtbar:
der Bischof, die Bürgermeisterin,
der Oberkreisdirektor, die Sponsoren,
die Sieger des großen Wettbewerbs.
Ehrengäste bleiben am liebsten unter sich.
Auch du, Jesus, hast deine Ehrengäste.
Du begrüßt sie und nennst sie »selig«.
Da ist die fröhliche Frau,
die ganz auf Gott vertraut.
Da ist die mit den vielen Tränen.
Da ist der Mann, der stets beide Seiten anhört.
Oder das Ehepaar, das immer noch
Mahnwache für die Flüchtlinge hält.
Da sind die Armen,
die ihren geringen Besitz mit anderen teilen,
und wahrscheinlich gehören auch die Clowns dazu,
die Sängerinnen und die Tänzer
und all jene, die immer Zeit haben,
wenn du verkleidet an ihre Tür klopfst.
Doch die reservierten Plätze bleiben leer.
Deine Ehrengäste sitzen viel lieber
mitten zwischen all den anderen.

MATTHÄUS 5,3–12

Was von innen kommt

Klein ist dein Herz,
und manchmal versteckt es sich
irgendwo in deiner Tiefe
aus Angst vor der Zukunft
und dem Leben.

Und du gibst ihm etwas gegen seine Angst.
Du gibst ihm, was außen angeboten wird:
Du gibst ihm Wissen,
und es muss täglich mehr sein.
Du gibst ihm Besitz,
und es muss täglich mehr sein.
Du gibst ihm Macht und Ansehen,
und es muss täglich mehr sein.

Klein ist dein Herz,
und es wird täglich kleiner
und noch ängstlicher,
weil ihm all das nicht bekommt.

Doch es kommt der Tag,
das wünsche ich dir,
da gibst du ihm etwas,
das von innen kommt und innen heilt.
Du gibst ihm Liebe,
gibst ihm Vertrauen und Freude,
Hoffnung und Zuversicht.

Klein ist dein Herz.
Da kommt es hervor aus seinem Versteck
und beginnt, langsam größer zu werden.
Es wachsen ihm Flügel
und es beginnt zu tanzen –
dein kleines großes, lebendiges Herz.

MATTHÄUS 6,19–21

Rasen betreten verboten

Wir brauchen sie,
Gebote und Gesetze,
damit Menschen vor Menschen
geschützt werden.

Doch nicht nur Gesetzeshüter leben in der Gefahr,
Gebote und Gesetze über alles andere zu stellen.
»Lassen Sie das sein!«
»Rasen betreten verboten!«
»Sehen Sie das Schild nicht?«
»Halten Sie sich an die Regeln!«

Gesetze dürfen nicht wichtiger sein
als Rücksicht und Vertrauen.
Und in manchen Situationen
sind Regeln eher hinderlich.

Wir brauchen sie,
Gebote und Gesetze,
damit Menschen vor Menschen
geschützt werden.

Aber vor allem brauchen wir
Rücksicht und Vertrauen,
damit Menschen liebevoll
miteinander umgehen.

LUKAS 6,1–5

Ausgerechnet ich!

Immer nur weggesehen
von mir zu den anderen,
zu den Ängstlichen, den Trägen und Geizigen
auf ihren eingefahrenen Gleisen.

Immer nur weggesehen
von mir zu den anderen,
um nicht meiner Angst zu begegnen,
meiner Trägheit und meinem Geiz.
Ich – auf meinen eingefahrenen Gleisen.

Immer nur weggesehen
von mir zu den anderen.
Ich wollte sie doch ändern,
und sie ließen es nicht zu.

Und jetzt sagst du mir,
dass ich nur einen einzigen
Menschen ändern soll –
ausgerechnet mich!
Nicht mehr ängstlich,
nicht mehr träge und geizig
und endlich unterwegs auf neuen Wegen.
Ich sehe auf die anderen.
Und mein Herz sieht
lauter wunderbare Menschen.

MATTHÄUS 7,1–5

Mein Feind

Es gibt einen Menschen,
über den ärgere ich mich jeden Tag.
Er schiebt die Verantwortung für sich
am liebsten auf andere.
Er traut sich nur wenig zu
und spielt sich und anderen vor,
der Größte zu sein.
Er lebt ständig in Angst –
dass sein Spiel durchschaut wird,
dass er alleingelassen wird
und alles verliert.
Ich würde ihn gern lieben,
aber ich kann es nicht.

Es gibt andere Menschen,
über die ärgere ich mich ebenfalls,
wenn auch nicht jeden Tag.
Sie tun, als wären sie die Größten,
und geben mir das Gefühl,
nichts wert zu sein.
Sie jagen mir ständig Angst ein,
stellen mich vor anderen bloß
und bedrohen mich
und alles, was ich habe.

Jesus, ich glaube, der eine Mensch
ist der schwierigste Fall.

Wenn du mir hilfst, den zu lieben,
dann wird es mir vielleicht auch
bei den anderen gelingen.
Schenk mir viel Liebe,
mein Herz wird sie begierig aufsaugen!

Die anderen Menschen,
das sind all jene, mit denen ich zu tun habe:
Freunde, Kollegen, Angehörige und jene,
die ich nicht leiden kann.

Der eine Mensch –
das bin ich selbst.

LUKAS 6,27–36

Du wirst es erleben

Wer bist du, Jesus?
Diese Frage treibt mich um!
Bist du Gottessohn oder Prophet,
Heiler oder Verführer,
Prediger oder Philosoph,
König oder Revolutionär?

Doch du lächelst liebevoll
und antwortest wie so oft ganz anders,
als ich es erwartet habe.

Wer ich bin?
Lass dich von mir berühren,
tief in deiner Seele.
Denn nur in deiner Tiefe
kannst du mich sehen und hören.
Und vielleicht stehst du auf,
wie nach einem langen Schlaf,
und gehst den Weg der Liebe.

Wer ich bin?
Niemand kann es dir sagen.
Du wirst es erleben.

LUKAS 7,18–23

Vertrauen

Und wenn ich nichts weiß
von Gottes unendlichen Geheimnissen,
wenn ich nichts verstehe
von den komplizierten Formeln der Theologen,
nichts von den Verlautbarungen
der gelehrten Kommissionen,
wenn ich nichts praktiziere
von den heiligen Übungen
und den überlieferten Ritualen –
ja, wenn ich nichts anderes kann,
als dir, Jesus, zu vertrauen
und mich für dein Licht und deine Liebe zu öffnen –
so hast du doch längst deine Hand erhoben,
um mich zu segnen.

LUKAS 7,50

Nur ein Wort

Wie oft, Jesus, warst du wohl enttäuscht,
weil Menschen dir nicht folgten!
Weil sie anderen mehr vertrauten als dir
und der bedingungslosen Liebe Gottes.
Wie oft warst du bitter enttäuscht,
wenn deine Frohe Botschaft ohne Echo verhallte!

Aber dann hast du dich
wieder überraschen lassen,
du hast strahlend gestaunt,
es hat dir fast den Atem genommen –
wenn Menschen zu dir kamen
mit unendlicher Hoffnung
und grenzenlosem Vertrauen
in die bedingungslose Liebe Gottes.

Wie wird deine Seele gejubelt haben,
immer und immer wieder,
wenn jemand zu dir kam
und voller Vertrauen sagte:
Nur ein Wort, Jesus, nur ein Wort von dir,
und alles wird neu und anders sein.

MATTHÄUS 8,5–13

Der Pechvogel

Hab ich’s nicht gesagt?
Ich hatte gleich so ein mulmiges Gefühl.
Die Vorhersagen waren eindeutig.
Das konnte nicht gut gehen.

Hab ich’s nicht gleich gesagt?
Das Unglück nahm seinen Lauf.
Es kam von allen Seiten.
Ich konnte nicht mehr klar denken.
Das wird nichts. Aus und vorbei!

Hab ich’s nicht gesagt?
Immer mir passiert so etwas.
Ich bin ein Pechvogel!
Ich bin am Ende!

Nein, das kann nicht wahr sein!
Er schläft!
Wieso ist er so ruhig,
während die Wellen
über uns zusammenschlagen?
Hat er denn keine Angst?
Hat er so viel Glauben und Vertrauen?

Das ist nicht wahr!
Tatsächlich, der Sturm beruhigt sich.
Es ist doch noch gut gegangen.

Was für ein Glaube!
Was für ein Vertrauen!
Ob das auch für mich möglich ist,
wo ich doch so ein Pechvogel bin?

MARKUS 4,35–41

Willst du glücklich sein?

Willst du gesund werden?

Ach, wenn du wüsstest, Jesus,
was ich schon alles versucht habe!
Das Schicksal meint es
einfach nicht gut mit mir.
Ich habe den Kampf inzwischen
längst aufgegeben!

Willst du wieder lachen können?

Ich habe wahrlich nichts zu lachen.
Alles, was ich versuche, geht schief.
Ich bin und bleibe ein Pechvogel.

Willst du glücklich sein?

Das Glück macht ständig
einen großen Bogen um mich.
Und wenn ich einmal Hoffnung schöpfe,
wird alles gleich noch schlimmer.
Glücklich sind immer nur die anderen!

Trotzdem, Jesus, vielen Dank
für dein großzügiges Angebot!

JOHANNES 5,1–18

Du bleibst da, wenn alle gehn

Wer ich auch gewesen bin,
was ich auch getan,
alle Wunden, alle Tränen –
du nimmst mich an, du nimmst mich an.

Du bleibst da, wenn alle gehn,
du siehst mich, wenn sie mich nicht mehr sehn.

Spielte oft ein falsches Spiel,
damit ich gewann,
hab betrogen, hab gelogen –
du nimmst mich an, du nimmst mich an.

Du bleibst da, wenn alle gehn,
du siehst mich, wenn sie mich nicht mehr sehn.

Wenn ich klein bin oder glaub,
dass ich gar nichts kann,
von den Großen ausgestoßen –
du nimmst mich an, du nimmst mich an.

Du bleibst da, wenn alle gehn,
du siehst mich, wenn sie mich nicht mehr sehn.

Der Zug des Lebens

Ihr Mann war schon früh gestorben.
Was für ein Drama!
Doch sie hatte noch einen Sohn,
einen einzigen Sohn.
Er war alles für sie,
und sie gab alles,
um ihm Vater und Mutter zu sein.
Sie lebte nur für ihn
und wurde bewundert im ganzen Ort.

Dann starb er ganz plötzlich,
er, ihr einziger Sohn.
Unfassbar, ihr Ein und Alles!
Ihre Liebe, ihre Zukunft – alles war tot.
Keine Hoffnung, kein Leben!
Und ein langer Trauerzug war unterwegs
auf dem Weg zur letzten Ruhestätte.

Dem Zug des Todes begegnete ein anderer Zug.
Jesus und seine Anhänger
kreuzten seinen Weg.
Jesus, von dem es hieß,
er sei das Licht, er sei das Leben.
Der Zug des Todes
traf auf den Zug des Lebens.
Die Hoffnungslosigkeit auf die Hoffnung,
das Ende auf den neuen Anfang.

Und meine Seele sieht wieder Licht.
Sie schöpft neue Hoffnung.
Und schon bin ich unterwegs,
im Zug des Lebens mit ihm, mit Jesus.
Ich sehe das Licht, ich spüre das Leben.
Und ich staune, wie lebendig ich bin.

LUKAS 7,11–17

Lebenshunger

Was für ein schönes, leckeres Brot!
Es soll einen Ehrenplatz bekommen
in der beleuchteten Vitrine.
Doch dein Magen knurrt weiter.

Was für ein wunderbarer Duft!
Frisch gebacken und alles Bio.
Willst du mal riechen?
Doch der Hunger wird nur noch stärker.

Was für ein schönes Bild –
Jesus als das Brot des Lebens.
Lass dich davon verzaubern!
Doch der Hunger bleibt dein Begleiter.

Bis du das Brot brichst,
es freudig mit anderen teilst
und es dir schmecken lässt.
Und all dein Hunger ist gestillt.

JOHANNES 6,45

Der Fremde

Besser, ich komme wieder
in der Mittagshitze an den Brunnen.
Da kann ich Wasser holen,
ohne von den anderen Frauen
beleidigt oder ignoriert zu werden.
Mittags bin ich hier die Einzige.

Da sitzt jemand am Brunnen,
wie ärgerlich!
Ein fremder Mann, auch das noch,
das hat mir gerade noch gefehlt.
Da muss ich jetzt durch!
Ich tu, als würde ich ihn nicht bemerken.

Fremder, was willst du hier?
Fremder mit dem offenen Blick
und den freundlichen Augen?

Er spricht zu mir.
Ob ich ihm etwas zu trinken gebe.
Er, ein Mann, ein frommer Mann,
spricht mit mir.

Fremder, was willst du hier?
Fremder mit dem offenen Blick
und den freundlichen Augen?

Er trinkt das Wasser,
das ich ihm gegeben habe.
Und er spricht zu mir, spricht davon,
dass es lebendiges Wasser gibt.
Wer davon trinkt,
hat in sich eine sprudelnde Quelle.
Was meint er damit?

Er schaut mich an,
er trifft mich direkt ins Herz,
und mir ist,
als würde er mich genau kennen,
mich und meine verzweifelte Suche
nach einem kleinen bisschen Glück
und nach ein wenig Liebe.

Fremder, was willst du hier?
Fremder mit dem offenen Blick
und den freundlichen Augen?

Bist du der, auf den wir alle
seit langer Zeit warten?
Und ich spüre,
dass er mir geben kann,
wonach ich mich sehne.
Lebendiges Wasser, so sagt er,
und ewiges Leben.

JOHANNES 4,1–26

Die Blume der Nacht

Mein Mann ist früh gestorben.
Niemand war da für mich.
Ich musste allein für mich sorgen.
Verhungern oder Geld verdienen –
egal auf welche Weise.

Die Männer liebten mich,
wenn wir allein waren in der Nacht.
Am Tag kannten sie mich nicht.
Niemand wollte mich kennen.
Ich bin die Blume der Nacht.

Meine Liebe suchten sie,
wenn es abends dunkel wurde.
Und trotz aller Liebe
verdunkelte sich meine Seele.
Ich bin die Blume der Nacht.

Ach, ich kenne sie alle.
Sie suchen meine Zärtlichkeit
und sehen meine Tränen nicht.
Sie lassen sich gern verzaubern
von der Blume der Nacht.

Einer ist da,
der mir in die Augen sieht,
und ich beginne zu strahlen.

Einer hat keine Angst,
mir am Tag zu begegnen.

Hörst du, wie sie reden,
die Guten und Gerechten,
die mich nicht kennen wollen?
Sie suchen ihr Glück
bei der Blume der Nacht.

Einer ist da,
und es wird hell in mir
in der Nacht und am Tag.
Und meine Seele tanzt
voller Sehnsucht im Sonnenlicht.

So gebe ich alles,
meine Liebe und Zärtlichkeit,
meine Sehnsucht und meine Tränen,
und am helllichten Tag blühe ich auf –
die Blume der Nacht.

LUKAS 7,36–50

Weites Feld

Ist Angst in dir –
dann findest du in seiner Botschaft,
was dir Angst macht.
Doch die Angst tut dir nicht gut.
Du trägst sie in dir schon viel zu lange.
Es ist Zeit für Mut und Vertrauen.

Ist Enge in dir –
dann findest du in seiner Botschaft,
was dich und andere einengt.
Doch die Enge tut dir nicht gut.
Es ist Zeit für neue Weite.

Ist Pflicht in dir –
dann findest du in seiner Botschaft
vor allem Druck und Pflicht.
Doch die Pflicht tut dir nicht gut.
Du leidest darunter
und hoffst auf Freiheit.

Das alles tut dir nicht gut.
Ja, vielleicht spürst du längst,
was du brauchst
und was dir wirklich gut tut.
Und du nimmst die Angst,
die Enge und die Pflicht,
und gibst sie ihm vertrauensvoll:

»Das brauche ich nicht mehr!
Gib mir Freiheit und Weite dafür!«

Was für ein Geschenk!
In dir ist Weite –
und auf weitem Feld
ist viel Raum für Wachstum.
Und du findest in seiner Botschaft
Mut und Vertrauen, Weite und Freiheit.
Spürst du, wie sich die ersten
Knospen der Liebe in dir öffnen?

LUKAS 8,4–8

Von dir geliebt

So viele Menschen –
hungrig nach einem Wort
der Anerkennung,
nach Hoffnung und Zuspruch.

So viele Menschen –
auf der Suche nach Heilung,
nach Liebe und Geborgenheit.

So viele Menschen –
voller Sehnsucht nach Sinn,
nach Licht und Lebendigkeit.

So viele Menschen –
hungrig nach deinem Wort
vor leeren und gedeckten Tischen.

So viele Menschen –
von dir geliebt,
von dir geheilt,
der Hunger gestillt.

JOHANNES 6,1–13

So oder so

Folget mir nach,
ohne Geld in den Taschen,
verzichtet auf alles,
was unnötig ist.
Arm und bescheiden –
folget mir nach.

Folget mir nach,
mit Geld in den Taschen,
genießet die Gaben,
die das Leben euch schenkt.
Erlebt die Gemeinschaft –
folget mir nach.

Folget mir nach,
getragen von Liebe.
Segnet die Menschen
und seid ihnen nah.
Mit Geld oder ohne –
folget mir nach.

Folget mir nach
und lasst euch die Freiheit:
die Stille beim Beten,
die Freude beim Fest.
Der Weg ist der gleiche – folget mir nach.

MATTHÄUS 11,16–19

Ein anderer Blick

Manchmal brauche ich einen anderen Blick.
Gerade dann, wenn meine Zweifel
langsam überhandnehmen,
wenn mein Glaube zu zerbrechen droht
oder wenn ich vor all den Problemen
den Kopf in den Sand stecke.

Dann tut es mir gut,
meine gewohnte Umgebung zu verlassen,
ans Meer zu fahren
oder in die Berge zu steigen.
Mein Blick weitet sich,
innerlich und äußerlich,
und plötzlich erscheinen mir
all meine Probleme so klein,
und meine Hoffnung ist wieder da.

Manchmal brauche ich einen anderen Blick.
Vielleicht schenkt Jesus mir dann
mehr als das, was meine Augen erblicken.
Vielleicht kann ich mit dem Herzen sehen.
Vielleicht erlebt meine Seele,
dass sie für einen Augenblick zu Hause ist –
wenn das Licht die Dunkelheit erhellt
und alles gut ist.

Nein, solche Augenblicke
kann ich nicht festhalten.
Es sind jene kostbaren, flüchtigen Geschenke,
voller Musik und Poesie,
von denen mein Verstand wenig
und meine Seele alles weiß.

MATTHÄUS 17,1–9

»Kommt zu mir!«

Du lädst mich ein,
zu dir zu kommen, wie ich bin –
mit all meinen Sorgen,
mit meiner schweren Last,
mit meinen Enttäuschungen
und tiefen Verletzungen.
Kommt her zu mir, sagst du.
Und ich finde eine feste Burg,
einen wunderbaren Zufluchtsort,
einen schönen, gedeckten Tisch
im Angesicht meiner Probleme und Feinde.
Du sagst: Ruh dich aus!
Hier darfst du sein.
Hier bist du sicher.
Und während ich bei dir bin,
an diesem wunderbaren Ort,
in deinen Armen, an deinem Herz –
mit all meinen Sorgen und schweren Lasten –
da höre ich deine Worte:
Lass dich von deiner Last befreien,
lass dir von mir neues Leben einhauchen,
lass dich von Gottes Licht überfluten.
So habe ich einen wunderbaren Zufluchtsort,
eine feste Burg, einen sicheren Hafen,
um mich anschließend wieder
mit neuer Kraft auf den Weg zu machen.

MATTHÄUS 11,28–30

Das Urteil

Ich bin von Kopf bis Fuß
auf Strafe eingestellt,
ich kann verurteilen
und sonst gar nichts.

Und hier ist wieder
so ein besonders delikates Exemplar –
habe sie selbst erwischt,
sozusagen in flagranti,
du verstehst schon.
Wie gut, Jesus,
dass du auf unserer Seite bist,
auf der Seite der Gerechtigkeit!

Nein, das ist nicht dein Ernst?
Du blickst traurig in unsere Richtung,
und dann schaust du ihr
liebevoll in die Augen?

Ist dir die Liebe tatsächlich wichtiger,
als für das Recht einzutreten
und die Sünder zu bestrafen?
Kannst du denn lieben nur –
und sonst gar nichts?

JOHANNES 8,1–11

Heilige Augenblicke

Die Augenblicke in meinem Leben
reihen sich als bunte Mischung aneinander –
wie Menschen an der Bushaltestelle,
Briefe in einem Ordner,
Veranstaltungen im Kalender.

Die schönen Augenblicke in meinem Leben
türmen sich farbenprächtig auf
zwischen Windeln und Gesprächen,
Konferenzen und schmutzigem Geschirr.

Die wichtigen Augenblicke in meinem Leben
wechseln sich ab mit Routine,
und ich weiß oft nicht,
ob ich mich für den Sonnenuntergang
oder den wichtigen Anruf entscheide.

Die heiligen Augenblicke in meinem Leben
erkenne ich oft erst hinterher,
und dann frage ich mich verwundert,
warum ich nicht einfach alles andere
stehen und liegen gelassen habe.

LUKAS 10,38–42

Die drei Brüder

Drei Brüder verließen ihre Heimat,
zogen in ein fernes Land
und wollten die Welt verbessern.

Der erste Bruder war erschrocken,
wie gefährlich es in dem Land war.
Es gab dort brutale Räuberbanden,
die hilflose Reisende überfielen,
sie schlugen, ausplünderten
und manchmal sogar töteten.

So setzte er alles daran,
die Bevölkerung zu informieren,
in was für gefährlichen Zeiten
sie alle hier lebten.
Wo immer er auftrat,
herrschte deshalb großes Entsetzen,
und die Menschen zogen sich
ängstlich in ihre Häuser zurück.

Der zweite Bruder war erstaunt,
wie wenig hilfsbereit die Menschen waren.
Viele gingen an Hilfsbedürftigen,
Kranken, Hungernden und Verletzten,
einfach so vorbei,
ohne ihnen zu helfen.

So setzte er alles daran,
die Bevölkerung zu informieren,
wie lieblos und herzlos
es in dem Land zuging.
Wo immer er auftrat,
herrschte deshalb großes Entsetzen,
und die Menschen zogen sich
resigniert in ihre Häuser zurück.

Der dritte Bruder stellte voller Freude fest,
dass es hier einige Menschen gab,
die sich für andere einsetzten.
Manche teilten, was sie hatten,
und einige setzten sogar
ihr Leben aufs Spiel,
um hilflosen Überfallopfern zu helfen.

So machte er es sich zur Aufgabe,
die Bevölkerung zu informieren,
was für mutige und liebevolle Menschen
in ihrer Mitte lebten.
Wo immer er auftrat,
heilten verhärtete Seelen,
und mehr und mehr Menschen wendeten sich
den Bedürftigen und Hilflosen zu.

Drei Brüder verließen ihre Heimat,
zogen in ein fernes Land
und wollten die Welt verbessern.

LUKAS 10,25–37

Die Melodie des Lebens

Die Melodie des Lebens,
der Klang, der dich erfüllt,
das Wunder deiner Liebe,
der Weg, auf dem du gehst –
ist alles schon bereit.

Drum lausche auf die Melodie,
die dir das Leben schenkt,
und gib der Liebe in dir Raum.
Dann suche deinen eignen Weg,
du gehst ihn nicht allein,
die Melodie begleitet dich.

Wenn du mich bittest, singe ich
mit dir die Melodie.
Wenn du mich suchst, dann zeig ich dir
in deinem Leben meine Spur.
Und wenn du anklopfst, öffnet sich
auf deinem Weg noch manche Tür.

Lass dir niemals sagen,
dass dein Leben sinnlos ist.
So wie du einzigartig bist,
so soll es auch dein Leben sein.

LUKAS 11,9–10

Licht und Finsternis

Wenn du dich öffnest für das Licht,
was wird dann aus der Finsternis,
die du so gut kennst
und die dich, wie es scheint,
schon lange nährt und wärmt?

Wenn du dich öffnest für das Licht,
was wird dann aus den finsteren Gestalten,
die dich zwar bedrohen,
aber die du so gut kennst
und die dich regelmäßig besuchen?

Wenn du dich öffnest für das Licht,
was wird aus den Verletzungen,
die dir so viel Schmerz bereiten,
aber die dir unentwegt zuflüstern:
»Wir zeigen dir, wer du bist!«

Wenn du dich öffnest für das Licht,
wirst du die alten Sicherheiten,
die dir bisher so wichtig waren,
in einem neuen Lichte sehen –
und du beginnst zu heilen.

LUKAS 11,35

Ich will frei sein!

Ich muss dir etwas sagen: Ich werde belächelt! Und weißt du, warum? Weil ich immer noch bei dir bin. Weil ich so lebe, wie du es mir gezeigt hast. Weil ich hoffnungslos »von gestern« bin. Ich will nicht mehr!

Mein lieber Sohn, meine liebe Tochter,
es tut mir weh, dass du belächelt wirst. Wenn du wirklich der Meinung bist, ohne mich besser zurechtzukommen, dann wirst du deine Entscheidung treffen.
Doch du sollst wissen: Ich liebe dich auch dann, wenn du dich von mir abwendest. In meinem Herzen hast du immer einen festen Platz.

Ich muss dir etwas sagen: Ich lasse mich nicht länger von dir bevormunden. Damit das klar ist – ich weiß selbst, was für mich gut ist! Und deshalb gehen wir beide in Zukunft getrennte Wege!

Ich verstehe dich so gut. Du willst deine eigenen Erfahrungen machen. Und egal, wie du dich entscheidest – ohne eigene Entscheidungen und Erfahrungen kannst du nicht leben.
Geh deinen Weg. Und wohin er dich auch immer führt – ich liebe dich. Gerade, weil ich dich liebe, werde ich dich niemals festhalten.

Ich muss dir etwas sagen: Ich will endlich frei sein! Ich will Abenteuer erleben und völlig verrückte Dinge tun! Lass mich gehen!

Wie freue ich mich, dass du dich nach der Freiheit sehnst! Es kann keine Liebe ohne Freiheit geben. Geh mit meinem Segen!
Und vielleicht stellst du eines Tages fest, dass du erst dann die größten Abenteuer erlebst, wenn wir gemeinsam unterwegs sind.

DER VERLORENE SOHN 1 | LUKAS 15,11–32

Die alten Wege

Ich muss dir etwas sagen: Ich werde belächelt! Und weißt du, warum? Weil »er« zurück ist, der deinen Namen durch den Schmutz gezogen hat. Weil »er« von dir gefeiert wird, obwohl »er« mich verspottet hat, damals, als »er« ging und alles mitnahm.

Mein lieber Sohn, meine liebe Tochter,
es tut mir weh, dass du belächelt wirst. Aber du weißt, wie sehr ich dich liebe. Du warst und bist immer in meinem Herzen. Mein Herz wäre gestorben ohne dich. Ein Platz blieb leer, aber du warst bei mir.

Ich muss dir etwas sagen: Ich fühle mich ausgenutzt. Nicht mal eine Ehrenmedaille oder eine Urkunde für treue Dienste habe ich erhalten. Und dann kommt »er« und steht sofort im Mittelpunkt.

Du weißt doch: Du warst und bist immer in meinem Herzen. Mehr Mittelpunkt gibt es nicht. Doch mein Herz ist weit, endlos weit. Und auch dir wünsche ich ein weites Herz.

Ich muss dir etwas sagen: Seit »er« da ist, hat sich so viel verändert. Sind die alten Wege nicht mehr gut genug für »ihn«? Muss alles neu und anders sein? Wo bleibe ich da?

Wie dankbar bin ich dir, dass du die alten Wege so treu mit mir gegangen bist.
Aber vielleicht stellst du eines Tages fest, dass es nicht um alt oder neu geht. Die Hauptsache ist doch, dass wir gemeinsam unterwegs sind.

DER VERLORENE SOHN 2 | LUKAS 15,11–32

Du gibst mich nicht auf

Du meinst,
auch wenn ich nicht weiter weiß
und keine Hoffnung mehr habe –
du gibst mich nicht auf?

Du meinst,
auch wenn ich gefallen bin
und nicht wieder aufstehen kann –
du hältst an mir fest?

Du meinst,
auch wenn ich mich selbst nicht mehr
im Spiegel anschauen mag –
du blickst auf mich voller Liebe?

Du meinst,
wenn ich verzweifelt schreie,
dass ich am Ende bin –
fängst du neu mit mir an?

LUKAS 15,1–7

Niemand will uns haben

Die Krankheit verläuft tödlich –
langsam, schleichend.
Es gibt keine Hoffnung!
Doch am schlimmsten ist die Isolation –
»ausgesetzt«, außerhalb jeder Ortschaft,
in einer verlassenen Grube vielleicht,
ausgesetzt und weggeworfen wie Müll.
Eine lebende Müllgrube.

»Wir sind wertlos.
Niemand will uns haben.
Keiner setzt sich zu uns.
Sie haben uns aufgegeben.
Und wir selbst taten es auch, schon lange.
Es gibt keine Hoffnung für uns!«

Doch, eine letzte Hoffnung gibt es noch.
Er, der Blinde wieder sehen lässt,
Stumme zum Sprechen bringt,
Kranke heilt und Ausgestoßene
aus ihrer Isolation befreit.
»Jesus, Jesus, hilf uns!«

Und das Wunder geschieht:
»Wir sind wertvoll.
Er lädt uns zu sich ein.
Er setzt sich zu uns.

Er gibt uns niemals auf.
Er ist unsere Hoffnung.«

Am schlimmsten war die Isolation –
»ausgesetzt«, außerhalb jeder Ortschaft,
ausgesetzt und weggeworfen wie Müll.
Eine lebende Müllgrube.

LUKAS 17,11–19

Ein dankbares Herz

Zehn wurden befreit
aus ihrer grausamen Isolation.
Sie leben wieder unter Menschen,
die sich frei bewegen können.
Sie können fröhlich tanzen und singen,
können arbeiten und lieben
und wunderbare Feste feiern.
Einer von ihnen kehrt um,
mit einem Herzen voller Dankbarkeit,
kehrt um zu dem,
der ihn niemals aufgegeben hat,
der sich zu ihm setzte
und seinen Wert als Mensch sah.
Nichts im Leben ist selbstverständlich,
nicht der Tanz und der Gesang,
nicht die Arbeit und die Liebe
und keines der fröhlichen Feste.
Nichts ist selbstverständlich,
nicht die wieder gewonnene Gesundheit
und die erträumte Gemeinschaft.
Nichts ist selbstverständlich.
Erfassen kann das nur ein Mensch
mit einem Herzen voller Dankbarkeit.
Ein dankbares Herz –
und die Hoffnung hört niemals auf.

LUKAS 17,11–19

Sie blühen wunderschön

Seht die Blumen auf dem Felde –
sie blühen alle auf ihre Weise wunderschön.
Und keine von ihnen bläst sich auf,
ich blühe schöner als ihr,
und schaut auf die anderen hinab.

Es tut uns gar nicht gut,
wenn wir voll Neid auf jene blicken,
die sich selbst groß machen und aufblasen:
»Besser bin ich als die anderen,
liebevoller als die anderen
und selbstverständlich erfolgreicher.«
Und wenn wir ihnen glauben,
sind wir gebeugt und klein.

Es tut uns gut,
wenn wir zu dem stehen,
was wir tun und was wir glauben.
Groß und aufrecht sind wir,
wenn wir unser Leben leben
und uns selbst annehmen, wie wir sind –
groß und aufrecht und reich beschenkt!

Wie die Blumen auf dem Felde –
wunderbar geschaffen,
damit sie sich entfalten und aufblühen.

LUKAS 18,9–14

Geschenkt

Jedes Lächeln, jede Freude,
Licht nach langer Dunkelheit –
freu dich dran, es ist geschenkt!

Deine Tage, deine Jahre,
jeder Morgen, jede Nacht –
freu dich dran, es ist geschenkt!

Deine Gaben, deine Liebe,
alles Gute, das gelingt –
freu dich dran, es ist geschenkt!

Deine Bitte um Vergebung,
neues Leben, neuer Weg –
freu dich dran, es ist geschenkt!

LUKAS 18,9–14

Zeit für Träume

Wir sind wichtig.
Wir werden hier gebraucht.
Das ist alles hart und schwer –
keine Zeit für Träume.

Wir sind zuverlässig.
Wir tun stets unsre Pflicht.
Lauter wichtige Aufgaben –
keine Zeit für Kinderkram.

He, was wollt ihr hier?
Spielen könnt ihr woanders.
Unser Meister hat viel zu tun –
lauter wichtige Dinge.

Meister, es warten noch so viele.
Schick doch die Kinder fort!
Keine Zeit für Träume –
keine Zeit für Kinderkram!

Was sagst du? Die sind wichtig?
Die sind noch auf dem Weg?
Die hören auf ihr Herz –
Zeit für Träume?

LUKAS 18,15–17

Ich glaub, ich träume

Bin ich verrückt?
Ich hab doch alles, was ich brauche.
Mein Geschäft ist eine Goldgrube,
mein Haus ein Traum aus Marmor.
Aber seit ich gehört habe,
dass er in die Stadt kommt,
kenne ich mich selbst nicht mehr.

Bin ich verrückt?
Ich laufe auf die Straße und will ihn sehen,
doch die Leute erkennen mich,
sie schreien »Betrüger«, »Freund der Besatzer«,
und ihre Blicke wollen mich töten.
Überall stehen sie schon
und bauen sich vor mir auf.
Ich laufe weiter, da, der Baum, hinauf, hinauf –
da werde ich ihn sehen. Vielleicht!

Bin ich verrückt?
Ich habe Sehnsucht und weiß nicht, wonach!
Da sitze ich und warte,
dass er in die Stadt kommt.
Oh, wie sie über mich lachen!
Was tue ich hier nur?
Was ist, wenn er auch über mich lacht?
Ich sitze hier oben und warte auf ihn.

Träume ich?
Habe ich richtig gehört?
Hat er wirklich meinen Namen gerufen?
Zachäus, komm herunter zu mir!
Ich will heute dein Gast sein!
Wirklich! Er hat mich gerufen!

Träume ich?
Er umarmt mich und geht neben mir.
Es kümmert ihn nicht,
was die Leute über mich sagen.
»Betrüger« und »Gauner« – ich kann es hören.
Er schaut mir in meine Augen und sagt:
»Du bist Zachäus, Gottes geliebtes Kind.«

Träume ich?
Ich fühle jetzt ganz deutlich,
wonach ich mich gesehnt habe.
Nicht mein Geld, nicht mein Haus.
Endlich habe ich, was ich brauche.
Er hat »Gottes geliebtes Kind« zu mir gesagt.

LUKAS 19,1–10

Verschwenderisch

Du lädst uns ein, Gott,
mit dir unterwegs zu sein,
und du versprichst uns deine Liebe –
was für ein Geschenk!

Doch du willst, dass wir dein Geschenk
nicht für uns behalten,
sondern verschwenderisch damit umgehen.

Du lädst uns ein, Gott,
mit dir unterwegs zu sein,
und du versprichst uns dein Licht –
was für ein Geschenk!

Doch du willst, dass wir dein Geschenk
nicht für uns behalten,
sondern verschwenderisch damit umgehen.

Du lädst uns ein, Gott,
mit dir unterwegs zu sein,
und du versprichst uns deinen Segen –
was für ein Geschenk!

Doch du willst, dass wir dein Geschenk
nicht für uns behalten,
sondern verschwenderisch damit umgehen.

So bist du, Gott,
voller Liebe, voller Licht und Segen,
und du teilst verschwenderisch aus.
Niemand soll weniger bekommen
als die ganze Fülle.
Es ist genug für alle da!

MATTHÄUS 20,1–16

Auf deinem Weg

Auf deinem Weg
begegneten dir viele Suchende,
und du hast sie geliebt und ihnen Nähe
geschenkt.

Auf deinem Weg
hast du viele Zweifler getroffen,
und du hast sie ernst genommen.

Auf deinem Weg
hast du mit Versagern gegessen,
und du hast sie angenommen.

Auf deinem Weg
hast du Träumer gesehen und Könige,
und für jeden warst du Freund und Bruder.

Auf deinem Weg
begleiteten dich viele Engel,
und du hast sie gesegnet.

Jesus, sende mich
zu den Suchenden und Zweiflern,
den Versagern und Träumern,
und stelle mir dabei Engel und Könige
an die Seite.

Da lächelst du mich liebevoll an
und schreibst mir ins Herz:
Erst sollst du wissen,
dass du selbst Suchender bist,
Zweifler und Versager und Träumer,
dass du Engel und König bist –
unterwegs auf deinem Weg.

Lass es leuchten

Nimm nur diesen einen Tag,
er wird dir geschenkt.
Dieser eine Lebenstag
ist weinen und lachen,
mutig vertrauen, fühlen und denken,
Liebe empfangen und Liebe verschenken.

Heute wird ein Licht entzündet,
tief in dir, ein heller Schein.
Lass es leuchten, und dein Leben
wird von Gott gesegnet sein.

Nimm nur dieses eine Leben,
es wird dir geschenkt.
Dieses wunderbare Leben
ist weinen und lachen,
mutig vertrauen, fühlen und denken,
Liebe empfangen und Liebe verschenken.

Heute wird ein Licht entzündet,
tief in dir, ein heller Schein.
Lass es leuchten, und dein Leben
wird von Gott gesegnet sein.

MATTHÄUS 25,1–13

Halb Gott und halb Clown

Da kommt unser Herrscher
mit tapferen Kriegern,
mit feurigen Rössern
und den Zeichen der Macht.
Er will uns beherrschen –
in heillosen Zeiten.

Da kommen die Sternchen,
die Gladiatoren,
auf rotem Teppich
unterwegs zum Erfolg.
Sie wollen unseren Applaus –
in heillosen Zeiten.

Da kommen die Sterne
mit großen Motoren,
die neuste Version,
über Nacht in dein Haus.
Sie wollen unser Geld –
in heillosen Zeiten.

Die Rösser verschwunden,
die Sterne im Stall.
Auf dem Rücken eines Esels,
halb Gott und halb Clown.
Er will, dass wir heil sind –
in heillosen Zeiten.

LUKAS 19,28–40

Auf dem roten Teppich

Der rote Teppich ist ausgerollt.
Die Fotografen stehen bereit
vor dem Eingang zum Festsaal.
Da kommen sie –
die Reichen und die Schönen
und alle, die wichtig sind.

Dem Blitzlichtgewitter
kann hier niemand entkommen.
Aber wieso auch?
Deshalb sind sie doch hier.

Im Foyer gibt es Champagner,
gesponsert von denen,
die alle Wünsche erfüllen.
Die Fotografen sind dabei,
um ein Lächeln festzuhalten.
Sie feiern sich selbst –
die Reichen und die Schönen
und alle, die wichtig sind.

Doch plötzlich fragt jemand,
wann denn endlich die Türen
zum Festsaal geöffnet werden.

»Ach, da ist heute ein Fest,
wo alle kommen können.

Wir bleiben lieber hier im Foyer,
da sind wir unter uns!«

»Und wenn ich doch hineinwill?«

»Tut mir leid, das geht nicht.
Der rote Teppich ist zu kurz.
Der Festsaal ist heute nur
über den Hintereingang zu erreichen.«

MARKUS 10,25–2

Liebe und Wut

Sanft bist du,
liebevoll und geduldig.
Und dann muss das passieren!

Alle Sanftmut und Geduld
sind wie weggeblasen.
Wo bleibt deine sprichwörtliche Liebe?

Ist es die Liebe,
die der Geduld ein Ende setzt?
Ist es die Liebe,
die dem Leiden entgegentritt?
Kommt die Liebe an ihre Grenze,
oder ist es die Liebe,
die Grenzen setzt?

Liebe und Wut –
darf das sein?

MARKUS 11,15–19

Ausgegrenzt

Du siehst, wie sie hungern.
Wer gibt ihnen zu essen?
Du siehst, wie sie Durst leiden.
Wer gibt ihnen zu trinken?
Jesus, dich hungert, dich dürstet.

Du siehst, wie sie hier fremd sind.
Wer heißt sie willkommen?
Du siehst sie ohne Dach über dem Kopf.
Wer lädt sie zu sich ein?
Jesus, du bist fremd und lebst auf der Straße.

Du siehst sie nackt.
Wer gibt ihnen Kleidung?
Du siehst sie krank.
Wer besucht sie?
Du siehst sie gefangen.
Wer steht zu ihnen?
Jesus, du bist nackt,
du bist krank und gefangen.

Du bist nicht auf der Seite der Armen.
Du bist einer von ihnen.
Dein Herz schlägt nicht für die Ausgegrenzten.
Dein Herz ist das Herz der Ausgegrenzten,
und ihr Herz schlägt
hungrig und ängstlich in dir.

MATTHÄUS 25,31–46

Gut genug

Jesus, das verstehe ich nicht.
Für uns bleibt die Sklavenarbeit?
Sind wir Christen also doch die Kleinen,
die Untergebenen, die Diener?
Du hörst, was ich sage,
und kannst nicht verstehen?
Bei Gott gibt es keine Kleinen
und keine Großen,
keine Diener und keine Herren.

Ja, aber sind wir immer nur
für die Drecksarbeit gut genug?
Ihr seid Gottes Kinder.
Ihr seid für alles gut genug.
Für die größte Freude
wie für den kleinsten Dienst.
Und auch für die Drecksarbeit.

Und was heißt das, zu »dienen«?
Du weißt es längst:
Lieben mit langem Atem,
lieben mit weitem Herz
und lieben mit ganzer Seele.

JOHANNES 13,1–17

Für deine Würde

Das ist unter meiner Würde,
dachte ich bei mir,
als nach dem fröhlichen Fest
Freiwillige gesucht wurden
für den Abwasch.

Das ist unter meiner Würde,
dachte ich bei mir,
als der Obdachlose mir bettelnd
mit seinen Haaren nahekam,
ungewaschen und verfilzt.

Das ist unter meiner Würde,
dachte ich bei mir,
als ich seine schmutzigen Füße sah,
an die seit Jahren keine Seife
gekommen war.

Das tat ich für deine Würde,
sagte mir Jesus liebevoll –
für dich gelebt,
für dich geliebt,
für dich gestorben,
damit du in Würde leben kannst.

JOHANNES 13,1–20

Alle

Gib jemandem eine Waffe in die Hand,
und es kann sein, dass du
ihn nicht wiedererkennst.

Lass jemanden auf die Seite der Sieger,
der Stärkeren, geraten,
und es kann sein, dass du
ihn nicht wiedererkennst.

Lass jemanden aufsteigen
in die Spitze der Finanzwelt
oder auf den Olymp der Stars und Idole,
und es kann sein, dass er
selbst nicht mehr weiß, wer er ist.

Jesus – geschlagen, verspottet, gedemütigt,
er liebt sie alle –
die mit der Waffe in der Hand,
die Sieger und die Starken
und die ganz »oben«.
Er liebt sie alle.
Willst du ihn finden,
wie er liebt und segnet und heilt –
suche ihn bei den Friedfertigen,
den Schwachen und Ausgestoßenen,
den Verlierern und Habenichtsen,
oder besser: Suche ihn in dir.

LUKAS 22,63–65

Mein Leben beginnt

Bitte, erklär mir den Glauben.
Sag mir, warum und wieso.
Ich möchte mehr wissen
und alles verstehen.

Bitte, erklär mir den Himmel.
Sag mir, wo und wie groß.
Ich möchte mehr wissen
und alles verstehen.

Bitte, erklär mir das Leben.
Sag mir, wofür und wie lange.
Ich möchte mehr wissen
und alles verstehen.

Da schickt meine Seele
berührende Träume,
ich spüre die Sehnsucht,
ein brennendes Herz –
mein Wissen bleibt Stückwerk,
mein Leben beginnt.

LUKAS 24,13–35

Von dir berührt

Lass mich dich berühren –
oder nein, berühre du mich.

Lass mich zu dir kommen –
oder nein, komm du zu mir.

Lass mich in dir leben –
oder nein, lebe du in mir.

Lass mich dein Licht erkennen –
oder nein, sei du mein Licht.

Lass mich dich lieben –
oder nein, lass mich in deiner Liebe leben.

Von dir berührt,
von dir gesegnet.

JOHANNES 20,24–29

Dem Lebendigen begegnet

Was wohl die Engel im Himmel dachten,
als du, Thomas,
dem Lebendigen begegnetest
und ihm nicht glauben wolltest?
Haben sie dich verstanden?
Haben sie gelacht?
Haben sie sich über dich geärgert?

Was wohl die Engel im Himmel fühlten,
als du, Thomas,
dem Lebendigen begegnetest
und ihm nicht glauben wolltest?
Waren sie traurig?
Haben sie mit dir gelitten?
Haben sie sich geschämt?

Was wohl die Engel im Himmel
dachten und fühlten,
als du, Thomas,
dem Lebendigen begegnetest
und ihm nicht glauben wolltest?
Vielleicht waren sie ja voller Freude,
weil sie an mich dachten
und sich lächelnd vorstellten,
wie dankbar ich heute bin,

weil ich mich
von Thomas verstanden fühle
und mich trauen darf,
mit meinen Vorbehalten und Zweifeln
zu Jesus zu kommen
und ihn als den Lebendigen zu erfahren.

JOHANNES 20,24–29

Erwachen

Wie der Wind
auf meiner Haut,
stark und zart
und so vertraut.

Wenn die Zeit sich endlos dehnt
und ich frierend Stunden zähle,
schenk mir einen kleinen Hauch
Leben für die Seele.

Wenn mich dunkle Nacht umgibt,
sende Licht und tiefes Sehnen:
Wenn ich glücklich traurig bin,
leuchten Freudentränen.

Wenn du mir das Herz berührst,
werd ich aus dem Schlaf erwachen.
In dem Wind, so stark und zart,
höre ich dich leise lachen.

Wie der Wind
auf meiner Haut,
stark und zart
und so vertraut.

Alles wird anders.
Ich auch

Nachwort

Auf dem Weg als Pfarrer

Der Anfang

Lasst die Kinder zu mir kommen;
hindert sie nicht daran!
Denn Menschen wie ihnen gehört das Reich Gottes.
Amen, das sage ich euch:
Wer das Reich Gottes nicht so annimmt,
wie ein Kind, der wird nicht hineinkommen.
Und er nahm die Kinder in seine Arme,
dann legte er ihnen die Hände auf und segnete sie.

MARKUS 10,14–16

In meiner Kindheit war die Sache völlig klar: Jesus war mein Held. Jesus konnte auf dem Wasser gehen. Er heilte Menschen von Krankheiten, die mir zwar teilweise sehr sonderbar vorkamen. Aber Hauptsache, sie wurden gesund!

Jesus liebte alle Menschen, aber vor allem die Kinder und die Armen und die Kranken. Das fand ich für mich sehr gut. Schließlich war ich ja ein Kind. Und für die Kranken und Armen freute ich mich auch.

Natürlich war das alles nicht umsonst zu bekommen. Es war meine Aufgabe, Gott und Jesus zu lieben und die Gebote zu erfüllen, sonst konnten die beiden sehr ungemütlich werden. Aber das kannte ich ja schon von meinen Eltern: Da musste ich brav sein und gehorchen, dann konnte man es gut bei ihnen aushalten. In der Schule, so mit 12, 13 Jahren musste ich feststellen, dass nicht alle Mitschüler meine positive Meinung über meinen Helden teilten. Den meisten war er nicht besonders wichtig. Und ich fragte mich etwas hilflos, warum.

Im Biologieunterricht »erfuhren« wir damals von unserem Biologielehrer, dass die Sache mit Gott und Jesus eine Erfindung der Menschen ist, die sich selbst nichts zutrauten und deshalb auf himmlischen Schutz hofften. Ich wurde für eine Zeit sein Lieblingsschüler, weil ich der Einzige war, der sich im Unterricht auf lange Diskussionen mit ihm einließ. Dabei war er mir natürlich haushoch überlegen. Ich erinnere mich noch genau, wie er den Satz Jesu zitierte: »Sorget euch nicht um morgen. Denn der morgige Tag wird für sich selbst sorgen« (Matthäus 6,34). Und er fragte, wer sich heute noch leisten könne, so unverantwortlich in den Tag hineinzuleben. Ich weiß, ich hatte keine Chance. Aber trotzdem vertrat ich die Gegenposition. Schließlich hatte Jesus es doch so gesagt. Ein bisschen unfair empfinde ich es noch heute, dass er mich immer wieder ins offene Messer laufen ließ und mir nicht half, nach einer tieferen Bedeutung der Worte Jesu für unsere Zeit zu suchen. Heute gibt es tausend Bücher mit Titeln wie »Sorge dich nicht – lebe!« oder »Klopf die Sorgen weg!« oder »Frei von allen Sorgen«.

Auf jeden Fall hatte ich ein gutes Gefühl dabei, mich für meinen Helden einzusetzen und nicht so einfach seinen Gegnern das Feld zu überlassen.

In meiner Kirchengemeinde in Hamburg fühlte ich mich zum Glück auf der sicheren Seite. Vom Kindergottesdienst über die Christlichen Pfadfinder bis zum ersten Bibelkreis für Jugendliche schwamm ich begeistert in einem kirchlichen Umfeld mit und fühlte mich dort wohl. Jesus hatte inzwischen noch einige andere Charakterzüge für mich gewonnen: Er war sehr gesellig, großzügig und gastfreundlich, was sich für mich in den unterschiedlichen Gemeindefesten und Feiern ausdrückte. Aber er konnte auch kleinlich sein und mir androhen, mich für meine Sünden zu bestrafen. So saß ich manchmal etwas bedrückt in der Kirche und hörte in den endlos langen Predigten, dass es eben nicht nur einen herrlichen Himmel gibt, sondern auch eine fürchterliche Hölle.

Aber manchmal zwischendurch hatte ich den Eindruck, dass Jesus mir heimlich zuzwinkerte, und so überwog weiterhin das gute, positive Gefühl, das ich bei ihm hatte.

Das Studium

Wer von dem Wasser trinkt, das ich ihm geben werde,
wird niemals mehr Durst haben;
vielmehr wird das Wasser, das ich ihm gebe,
in ihm zur sprudelnden Quelle werden,
deren Wasser ewiges Leben schenkt.

JOHANNES 4,13–14

Nach dem Abitur entschloss ich mich, Theologie zu studieren. Damit war die erste große Krise in der Beziehung zu meinem Helden unvermeidlich geworden.

Zuerst einmal sollte ich in den Vorlesungen und Seminaren lernen und akzeptieren, dass die Sache mit meinem Helden völlig anders zu verstehen sei. Mir wurde deutlich gemacht, dass die Inhalte der Bibel und die Worte Jesu »anders« aufzufassen seien. Wie anders – darin waren sich die Theologieprofessoren an der Universität allerdings auch nicht einig. Jesus, so erfuhr ich, war nicht leiblich auferstanden, sondern nur in die Herzen seiner Anhänger, sozusagen virtuell, oder vielleicht doch, aber nicht wörtlich, und es geht auch gar nicht um Jesus, meinen Helden, sondern um den Christus, der in der Botschaft seiner Kirche lebt.

Das war harte Kost. Vor allem auch deshalb, weil jeder uns Studenten seine eigene Interpretation des Glaubens beibringen wollte. So schipperte ich etwas orientierungslos in die Glaubenskrise, während einige meiner Kommilitonen sich bereits längst von der Theologie verabschiedet hatten.

Irgendwann in dieser Zeit schwappte die Bewegung der *Jesus People* aus den USA nach Europa über. Dort in Amerika hatte sie sich aus der Hippiekultur heraus entwickelt und statt »Freier Liebe« die Liebe zu und von Jesus gepredigt. Bei uns in Europa schossen die Jesusfestivals aus dem Boden. Dort versammelten sich teilweise viele tausend junge Menschen. Es wurden neuartige rhythmische und melodiöse Lieder gesungen, und ich staunte, wie viele fromme, begeisterte Jesus-anhänger es plötzlich gab.

Neben der arg verkopften Theologie an der Universität war es fast eine befreiende Erfahrung, seinen Glauben auch fühlen und begeistert feiern zu dürfen.

Eine Zeitlang hatte ich damals auf meinem ersten VW-Käfer einen großen, unübersehbaren Aufkleber »Jesus liebt dich«. So stand ich wieder deutlich und klar zu meinem Helden. Bei meiner Fahrweise hatte ich allerdings nicht immer den Eindruck, ein guter Botschafter Jesu zu sein. Und als ich die Frage, was der Aufkleber für einen normalen Mitteleuropäer eigentlich bedeutet, nicht befriedigend beantworten konnte, verschwand er eines Tages wieder.

Ja, was heißt das, dass Jesus mich liebt?

Damals gab es aus verschiedenen Ecken Gegenwind gegen die Theologie, die an den Universitäten gelehrt wurde und sich immer mehr auch in den Gemeinden durchzusetzen begann.

Worum es in dieser Auseinandersetzung ging? Vor allem um die Frage, ob die Bibel aus Menschenzeugnissen besteht oder sozusagen von Gott inspiriert oder sogar wörtlich diktiert worden ist. Jedes Wort in der Bibel, so machten einige der konservativen Gruppen deutlich, ist Gottes Wort und ist genauso, wie es da steht, zu verstehen. So begann ein immerwährender Streit über die Rolle der Frauen in der Gemeinde, über die Art und Weise, in der Sexualität erlaubt ist, über die Dreifaltigkeit und die Jungfrauengeburt. »Es steht doch so in der Bibel!« Irgendwann hatte ich den Eindruck, dass es nur noch darum ging zu entscheiden, wer das Richtige und wer das Falsche glaubt. Und ich stellte fest, dass Jesus mir immer seltener zuzwinkerte.

Die Gemeinde

Wie mich der Vater gesandt hat,
so sende ich euch.

JOHANNES 20,21

Jahre später begann ich, als frisch ordinierter Pfarrer in einer Hamburger Kirchengemeinde zu arbeiten. Jetzt sah ich die Gelegenheit, mich mit den Menschen hier auf die Suche nach Jesus zu machen. Schließlich hat er doch versprochen: »Ich bin bei euch alle Tage bis zum Ende der Welt.« Doch wie macht man sich auf die Suche nach Jesus, von dem wir nicht einmal genau wissen, ob und in welcher Form es ihn noch heute gibt. Erwarten wir überhaupt, ihm zu begegnen – wie auch immer?

Mit der Suche und den Erwartungen in einer Kirchengemeinde ist das so eine Sache für sich. Bald hatte ich den Eindruck, dass die Erwartungen der Gemeindemitglieder und Besucher sehr unterschiedlich sind. Besonders drei Erwartungen fielen mir immer wieder auf:

Der sichere Hafen

Etliche in der Gemeinde wollten, dass alles so bleibt, wie es immer war. Die Kirche war für sie zu einem

Zufluchtsort geworden, wo die gute alte Zeit noch weiter bestand, als sie an allen anderen Orten längst vergangen war. Hier erwarteten sie die alten Lieder, die alten Werte und den einen Gott, wie er ihnen schon in der Kindheit nahegebracht worden war. Nun, diese alte »Kirchenwelt« war mir selbst ja auch seit Kindertagen vertraut. Trotzdem waren meine eigenen Erwartungen und Sehnsüchte im sicheren Hafen nicht zu befriedigen. Ich erwartete mehr.

In einem alten Kirchenschlager heißt es: »Ein Schiff, das sich Gemeinde nennt, liegt oft im Hafen fest, weil sich's in Sicherheit und Ruh bequemer leben lässt.«

Die Hafenbehörde

Dann gab es diejenigen, die Gott mit dem Verstand suchten. Ich fühlte mich ihnen in besonderer Weise verbunden. Manche stellten über Jahre immer wieder dieselben Fragen. Sie tauchten gern in Gesprächskreisen auf und waren besonders kritische Predigthörer. An sie dachte ich in erster Linie, als ich einen Glaubenskurs entwickelte, den ich in der Gemeinde durchführte (er erschien übrigens auch in mehreren Auflagen als Buch unter dem Titel »Keine halben Sachen mehr«).

In dem Kirchenschlager findet sich die Zeile: »Der rät wohl dies, der andre das, man redet lang und viel ...« So wie in der Hafenbehörde vielleicht hin- und herüberlegt wird, ob das Schiff überhaupt seetüchtig ist oder gleich im ersten Sturm untergeht.

Das offene Meer

Schließlich gab es diejenigen, die nach konkreten Glaubenserfahrungen suchten. Nein, dieser Satz eben hört sich nach einem Theologen an, der über andere schreibt, ohne selbst betroffen zu sein. Ich sage es anders: Es gab diejenigen, die eine tiefe Sehnsucht in sich spürten und hofften, von Gott oder Jesus oder vom Himmel im Herzen berührt zu werden. Sie waren bereit, alte Vorstellungen und Sicherheiten loszulassen.

In dem Song heißt es: »Nur wer das Wagnis auf sich nimmt, erreicht das große Ziel.« Und viele Menschen fragten sich: Lohnt sich das Wagnis, etwas von Jesus zu erwarten? Werden wir ihn sehen, verstehen, erleben, fühlen?

Interessant war, dass etliche aus der Hafenbehörde (also von denen, die stets zuerst ihren Verstand befragten) sich irgendwann mit aufs offene Meer wagten, während manche, die das offene Meer kennengelernt hatten, später den sicheren Hafen bevorzugten oder ganz ausstiegen. Und ich war sowohl im sicheren Hafen wie auch auf dem offenen Meer zu finden. Zusätzlich hatte ich »vorsichtshalber« noch ein kleines Büro in der Hafenbehörde.

Wenn ich überlege, wo ich Jesus in dieser Zeit nahe war und wo ich spürte, dass er mir zuzwinkerte, dann fallen mir einige Situationen ein:

Nachts in der Kirche

Spät abends in Schweden waren wir von unserem Freizeitheim zu einer langen Wanderung zur alten

Holzkirche in Granhult aufgebrochen. Fast zwei Stunden waren wir auf alten Waldwegen in der Dunkelheit unterwegs, bevor wir endlich am Ziel ankamen.

Vor der Kirche war der Weg sehr romantisch von brennenden Fackeln gesäumt. Die Glocken läuteten durch die Nacht. Als wir in der mittelalterlichen Kirche saßen, kam es uns vor, als wären wir in eine andere Zeit geraten. Uns war, als würden wir in vergangene Jahrhunderte blicken. Und plötzlich war es da – dieses Gefühl, tief berührt zu sein und die Liebe und das Licht Jesu in uns zu spüren.

Vertrauensvolle Gespräche

Das liebe ich an den Geschichten von Jesus so sehr, dass er mit den Menschen, die ihm begegnen, wunderbare, tiefe Gespräche führt. Keine Mir-geht-es-gut-Gespräche. Sondern ehrliche, offene Gespräche, in denen auch die tiefste Sehnsucht in den Herzen zur Sprache kommt.

Unzählige gute, tiefe Gespräche durfte ich in der Gemeinde führen. Und ich durfte erfahren, dass dort noch viel mehr solche Gespräche ohne mich geführt wurden, weil die Menschen liebevoll und offen zueinander waren. Nicht immer, aber doch erstaunlich oft!

Ich glaube übrigens inzwischen, dass Jesus sich über jedes offene, liebevolle Gespräch freut – egal, ob die Gesprächsteilnehmer Christen sind oder nicht.

Gemeinsames Gebet

Miteinander beten, das habe ich oft als ein Zeichen großen Vertrauens erlebt. Denn im Gebet kann es geschehen, dass wir uns öffnen wie sonst selten. Und nur, wenn wir uns öffnen, kann das göttliche Licht zu uns kommen und in uns zu leuchten beginnen.

Doch auch im Gebet kann sich die »Hafenbehörde« melden. »Hört Gott mich überhaupt? Ist da jemand? Bete ich richtig und korrekt? Was sagen die anderen, wenn sie mich so erleben?« Ich kenne diese Gedanken. Und viele Menschen haben mir erzählt, dass es ihnen ähnlich ergeht.

Ich glaube, je mehr ich meinen Gedankensalat im Kopf loslasse und je mehr mein Herz und meine Seele sprechen oder noch besser schweigen, umso eher werde ich die Erfahrung machen, dass Jesus mir zulächelt und mich segnet.

Und immer wieder Musik

»Als Gott den Menschen schuf, gab er ihm die Musik als Sprache des Himmels und der Herzen«, so sagte es der libanesische Schriftsteller Khalil Gibran. Ja, Musik ist die Sprache der Seele und des Herzens, davon bin ich überzeugt. Musik kann völlig unterschiedliche Menschen zusammenführen und tief berühren. Musik ist neben der Liebe vielleicht das größte Gottesgeschenk! Und wenn wir darauf achten, so ist die Liebe meistens voller Musik.

Ich denke gern zurück an viele Konzerte in unserer Kirche damals, Konzerte, bei denen viele Menschen einen »heiligen Schauer« erlebten. Noch heute spüre ich die Gänsehaut, die mir damals zeigte, welch kostbare Momente ich erlebt hatte.

Den nachhaltigsten Eindruck machten oft die Konzerte und Veranstaltungen, bei denen alle mitsangen und aus tiefstem Herzen dabei waren. Den Klang höre ich heute noch, wenn ich die Augen schließe und lausche.

Doch nicht jedes Konzert berührte mich. Oft wurden nur unsere Köpfe angesprochen (oder angesungen). Keine Begeisterung, keine Tiefe, kein Himmel, kein Jesus – wie einsam fühlte ich mich dort manchmal inmitten vieler Zuhörerinnen und Zuhörer!

Spannende zehn Jahre mit Höhen und Tiefen waren es, die ich als Gemeindepfarrer erlebte. Immer wieder einmal erfuhr ich den Glauben als lebendig und bereichernd. Doch es gab auch andere Phasen. Da suchte ich nach dem aufmunternden Blick Jesu – und suchte vergebens. Vielleicht trieb ich mich immer noch zu oft im sicheren Hafen und im Hafenbüro herum?

Das Jugendpfarramt

Bleibt in mir, dann bleibe ich in euch.
Wie die Rebe aus sich keine Frucht bringen kann,
sondern nur, wenn sie am Weinstock bleibt,
so könnt auch ihr keine Frucht bringen,
wenn ihr nicht in mir bleibt.

JOHANNES 15,4

In den folgenden vier Jahren arbeitete ich als Jugendpfarrer im Jugendpfarramt Alt-Hamburg. Eine unserer vielfältigen Aufgaben dort war die Aus- und Fortbildung der zahlreichen Jugendgruppenleiter (und -leiterinnen, wie mir sehr schnell deutlich gemacht wurde).

Ich versuchte in dieser Zeit, alle 80 Kirchengemeinden kennenzulernen, die zu dem Gebiet von Alt-Hamburg gehörten. So saß ich sonntags, wenn ich Zeit hatte, fast jedes Mal in einer anderen Kirche im Gottesdienst. Nicht immer war ich darüber glücklich. Es kam vor, dass ich enttäuscht und innerlich leer nach Hause kam. Manchmal schoss es mir in den Kopf: »Wo ist Jesus nur geblieben?« Die zahlreichen Jugendgruppenleiter und -leiterinnen habe ich dort übrigens fast nie angetroffen. Vielleicht waren sie Jesus ja an anderen Orten näher.

Nun bin ich überzeugt, dass Jesus in jedem Gottesdienst dabei ist und uns auch sonst in jedem Augenblick nahe ist. Nur bin ich ihm in vielen Gottesdiensten nicht begegnet. Ich wurde von ihm nicht berührt oder ließ mich nicht berühren – und auch die Predigten, Lieder und Gebete erreichten mich kaum. Was die anderen Besucherinnen und Besucher erlebten, kann ich nicht beurteilen. Berührt sahen sie meistens nicht aus, eher versteinert.

Wenn ich in solchen Momenten an die Zukunft der Kirche dachte, dann graute mir. Übrigens waren damals noch 70 Prozent der Hamburger Bevölkerung Mitglied der evangelischen oder katholischen Kirche. Heute sind es ungefähr noch 37 Prozent. Doch was sagt schon die Kirchenmitgliedschaft darüber aus, ob jemand »Segen vom Himmel« erwartet und »das offene Meer« liebt oder nicht!

Meine ersten Bücher hatte ich bereits als Gemeindepfarrer geschrieben. Jetzt als Jugendpfarrer kamen jedes Jahr neue Bücher hinzu, etliche erschienen auch in anderen Sprachen. Ich wurde immer häufiger zu Lesungen und Vorträgen eingeladen. Und irgendwann sagte ich mir: Mit meinen Büchern erreiche ich deutlich mehr Menschen, als mir das im Jugendpfarramt oder in einer Kirchengemeinde möglich ist. Und so war der Schritt in die freiberufliche Tätigkeit als Schriftsteller nicht mehr groß. War es Flucht oder der Aufbruch aufs offene Meer?

Auf dem Weg als Schriftsteller

Es begann eine spannende Zeit mit Höhen und Tiefen. Das galt am Anfang, das gilt auch noch heute. Und je mehr ich bereit bin, aufs offene Meer zu fahren, umso spannender und manchmal auch stürmischer wird es.
Die Jahre als freiberuflicher Schriftsteller bis heute teile ich in vier Phasen ein, die wie so vieles im Leben nicht eindeutig voneinander zu trennen sind: Aufbruch, Krise, Tiefe und Freiheit.

Aufbruch

Wer von euch kann mit all seiner Sorge
sein Leben auch nur um
eine kleine Zeitspanne verlängern?

MATTHÄUS 6,27

Mit einem Mal hatte ich Zeit, mich auf das Schreiben sowie auf Lesungen, Vorträge und Seminare zu konzentrieren. Ich konnte ausländische Verlage besuchen, die meine Bücher in ihrer Sprache veröffentlichten. Ich konnte auch darauf achten, genügend Pausen einzulegen und mich in Ruhe auf meine verschiedenen Aufgaben vorzubereiten. Ich heiratete und genoss die gemeinsame Zeit mit meiner Frau. Bald wurden unsere beiden Kinder geboren.

Die Mehrzahl meiner Bücher waren kleine oder größere Geschenkbücher mit Fotos und relativ kurzen Texten. Viele dieser Bücher erreichten zehn, zwanzig oder mehr Auflagen. Und mit dem Erfolg nahm die Nachfrage nach Lesungen und Vorträgen zu. Es war, wie gesagt, eine spannende Zeit.

Waren meine Geschenkbücher »christlich« oder »weltlich«, so wurde ich damals oft gefragt. Ein wenig sonderbar fand ich die Frage am Anfang schon. Aber bald verstand ich, worum es dabei ging: Viele Menschen wünschen sich eindeutige Etiketten. Wenn dort steht »christlich«, dann meinen sie zu wissen, was darin steht. Gerade von vielen »Frommen« wurde ich angemahnt, doch häufiger von »Gott« und »Jesus« zu schreiben und zum Glauben einzuladen. Ob Jesus wirklich solchen Wert darauf legt, dass wir seinen Namen ständig im Mund führen?

Andere wiederum kritisierten meine Bücher gerade wegen meines »christlichen Hintergrunds«, den ich nie versteckte. Manchmal kam es mir vor, als würden die verschiedenen Lager an mir herumzerren und mir erklären, was ich schreiben darf und was nicht. Viel zu oft nahm ich mir das zu Herzen, denn ich wollte ja niemanden verprellen. Im Gegenteil, ich wollte als Autor geachtet und vielleicht sogar geliebt werden.

Besonders wohl fühlte ich mich sonderbarerweise oft bei meinen Lesungen im entkirchlichten Osten

Deutschlands. Immer wieder hörte ich nach meinen Vorträgen Sätze wie: »Ich habe es ja nicht so mit Kirche und Glauben. Aber von Ihnen kann ich mir das gut anhören.«

Nach und nach nahm die Arbeit in meinem Leben einen immer größeren Raum ein. Den zunehmenden Druck machte ich mir vor allem selbst. Vielleicht habe ich damals zu selten danach gefragt, was Jesus mir wohl raten würde: Ich arbeitete zu viel, nahm neue Aufträge an, beriet auch andere Autorinnen und Autoren, machte mir Sorgen, ob die ich die Termine einhalten würde – und war plötzlich im Hamsterrad, obwohl ich doch in meinen Büchern stets das Gegenteil empfahl. Als dann mein Hauptverlag plötzlich Insolvenz anmeldete und seine Pforten schloss, war der Druck in meinem Leben auch vor meinen Mitmenschen kaum noch zu verbergen.

Irgendwann damals schrieb ich den folgenden Text über das, was wir alle dringend brauchen:

Ein Ort der Stille,
wenn der Lärm über mir zusammenschlägt.
Ein Stück Heimat,
wenn ich mich nicht mehr zurechtfinde.
Ein heller Stern,
wenn mir die Orientierung fehlt.

Für wen ich das geschrieben habe? Sicherlich auch und in besonderer Weise für mich selbst. Aber das merkte ich wohl erst später.

Krise

Nehmt mein Joch auf euch und lernt von mir;
Denn ich bin gütig und von Herzen demütig;
so werdet ihr Ruhe finden für eure Seele.
Denn mein Joch drückt nicht
und meine Last ist leicht.

MATTHÄUS 11,29–30

Eine Krise tut immer weh und tut oft gut. Die Krise, wenn wir sie denn wahrnehmen und nicht wegspülen, erinnert uns an das Leben. Und sie ist eine Chance, lebendiger zu werden. Sie kann der Anfang sein für neue Tiefe und Höhe, für Weite und Freiheit, Liebe und Gelassenheit. Und sie kann der Beginn einer wunderbaren Beziehung zu Jesus sein.

Aber in einer Krise stecken meistens nicht wir selbst, sondern die anderen. Ich steckte natürlich in keiner Krise. Ich brauchte keine Veränderung. Sondern ein wenig Ruhe und »frischen Wind«. Meinte ich.

Ich schrieb in dieser Zeit das Buch »Alles wird anders. Ich auch«, einen spirituellen Kompass für Zeiten der Veränderung. Veränderung kann geschehen, ohne dass wir es bemerken. Veränderung kann schmerzen. Veränderung kann unser Leben retten.

In meinem spirituellen Kompass zitierte ich einige Sätze des amerikanischen Psychotherapeuten M. Scott Peck: »Durch den Schmerz, Problemen zu begegnen und sie zu lösen, lernen wir.« War ich bereit zu lernen? »Aus diesem Grund lernen weise Menschen, Probleme nicht zu fürchten, sondern willkommen zu heißen.« Und weiter: »Wir versuchen, Probleme zu umgehen, statt sie rundheraus in Angriff zu nehmen. Wir versuchen, aus ihnen herauszukommen, statt sie zu durchleiden. Diese Neigung, Problemen und den ihnen innewohnenden gefühlsmäßigen Leiden auszuweichen, ist die Hauptgrundlage aller menschlichen seelischen Krankheiten« (M. Scott Peck, *Der wunderbare Weg*, Gütersloh 1987, S. 16).

Ich fühlte mich kalt erwischt. Was waren meine Probleme? Immerhin konnte ich einige benennen: Ich machte mir selbst Druck. Ich war mehr Kopf als Herz. Ich schleppte unnötige Lasten mit mir herum. Ich ging nicht wirklich in die Tiefe, vor allem nicht in meine eigene, innere Tiefe. Ich wollte es allen recht machen.

Ich bin in einer Krise? Ich habe Probleme? Kann man das nicht netter umschreiben? Vielleicht: »Ich kann mich noch weiter entwickeln, ganz langsam, so nach und nach. Immer in Ruhe.«

Bei aller Liebe zu Jesus merkte ich jetzt auch, wo ich mich über ihn ärgerte: Wie schroff konnte er manchmal zu den Menschen sein, die von ihm Hilfe erwarteten! Er sagte: »Kehr um, ändere die Richtung in deinem Leben!« oder »Lass los, was dich belastet!« oder »Nicht die Gesunden brauchen den Arzt, sondern die Kranken!« Hätte er das nicht netter umschreiben können?

Jesus ist liebevoll, aber nicht »nett«. Er sagt nicht: »Du kannst dich noch weiter entwickeln!« sondern: »Du hast Probleme!«

Plötzlich fiel mir auf, dass ich nicht der einzige bin, der versucht, den Schmerz zu vermeiden und Probleme zu ignorieren. Wenn ich zu Vorträgen eingeladen wurde, hörte ich immer häufiger die Bitte: »Erzählen Sie doch möglichst lustige, fröhliche Geschichten. Das tut den Menschen gut. Die haben es doch alle schon schwer genug!« Was meinten die Veranstalter damit? Gute, aufbauende Gedanken? Ja, die brauchen wir tatsächlich alle. Oder nette Geschichten, um nicht an die eigenen, ungelösten Probleme erinnert zu werden?

Was würde Jesus jetzt tun, fragte ich mich. Und mir fielen die »Kranken« ein, denen seine besondere Fürsorge galt. Wahrscheinlich meinte er damit die »Bedürftigen«, die erkennen, dass sie in der Krise sind und dass sie ihre Probleme viel zu lange ignoriert haben.

Ich machte mich erst einmal auf die Suche nach den anderen, den offensichtlich Kranken. Ich begann, die Hungrigen und Gefangenen, die Armen und Verzweifelten aufzusuchen. Hat Jesus nicht deutlich gesagt: »Was ihr für einen meiner geringsten Brüder getan habt, das habt ihr mir getan« (Matthäus 25,40)?

Monatelang war ich jetzt im deutschsprachigen Raum unterwegs auf der Suche nach Ehrenamtlichen, die sich für ihre leidenden Mitmenschen einsetzen. In zwei Büchern berichtete ich davon. Ich erlebte Freiwillige, die in Tafeln und Suppenküchen helfen, die Demente besuchen, sich für Menschen aus anderen Kulturen engagieren, Sterbende begleiten, Kindern beim Rechnen und Lesen helfen und sich für Obdachlose einsetzen.

Unter den Freiwilligen waren viele wunderbare, begeisterte Menschen, denen anzusehen war, dass sie sich voller Freude und Liebe engagierten. Viele erzählten mir, dass sie aus Dankbarkeit für ihr eigenes Leben etwas auch an andere weitergeben wollten. Ja, manchmal sah ich in ihnen den Jesus, der mir fröhlich und aufmunternd zuzwinkerte. Einige von ihnen wurden mir zu Vorbildern.

Aber mindestens genauso oft erlebte ich Freiwillige, die selbst unglücklich waren, ausgebrannt, desillusioniert, negativ. »Wenn ich nichts tue, tut es keiner!« war eine ihrer Durchhalteparolen. Ich musste spontan an eine Traueranzeige denken: »Sie war nur für die anderen da.«

Solche »Nächstenliebe« und »Mitmenschlichkeit« hat Jesus bestimmt nicht gemeint. Ich denke eher, dass er uns Gelassenheit, Freude, Licht und Humor wünschen würde. Wieso sind gerade in der Kirche so viele gedrückte Menschen zu finden? Und bin ich womöglich einer von ihnen?

Ich befand mich weiter in der Krise, die ich natürlich nicht wahrhaben wollte. Ich war weiterhin gern Schriftsteller, zog durch die Lande und arbeitete an neuen Ideen und Texten.

Was hinderte mich noch daran, vertrauensvoll den Weg Jesu, den Weg der Liebe, der Gelassenheit und Freiheit zu gehen? Warum lehnte ich die Möglichkeit zum Wachsen so oft ab? Kein aufmunternder Blick von ihm. Kein Augenzwinkern. Ob er mich ignorierte? Oder ob ich es war, der sich verweigerte?

Ich senkte meinen Kopf und schaute verstohlen auf Jesus, doch mein Blick war getrübt. Ich sah den Mann am Kreuz, wie er mir in zahllosen Kirchen begegnet. Da waren so viel Druck und Traurigkeit in seinen Augen, und ich hörte in mir die Stimme meiner Eltern, Lehrer und Pfarrer: Tu deine Pflicht, sei gehorsam, denke an andere und nicht an dich selbst!

Woher stammt der Druck, den nicht nur ich, sondern unzählige Menschen spüren. Hat die Kirche aus der Religion der Liebe eine Religion des Druckes gemacht? Aviad Kleinberg, einer der bekanntesten geisteswissenschaftlichen Professoren und Autoren in Israel, schreibt in seinem Buch über die sieben Todsünden: »Das Christentum beruht auf der Sünde. Nicht dass seine Begründer Sünder gewesen seien – im Gegenteil: Sie waren offenbar aufrechte Menschen. Doch Sünde ist die Grundlage der christlichen Weltanschauung. Christen sind in erster Linie Sünder, und das Christentum stellt vor allem ein Heilmittel gegen die Sünde dar. Ohne die Sünde verliert das Christentum« seine Daseinsberechtigung (Aviad Kleinberg, *Die sieben Todsünden*, Berlin 2010).

Einige Monate lang beschäftigte ich mich intensiv mit den »Todsünden«. Todsünden sind Sünden, so lehrte die Kirche, die, falls sie nicht bereut werden, direkt in den Tod führen, in die Hölle. Jesus, hast du das gehört? Welches sind die Todsünden? Papst Gregor der Große (540–604) hat eine Liste mit sieben Hauptsünden festgelegt. Es sind Geiz und Habgier, Neid, Völlerei, Stolz und Hochmut, Zorn, Trägheit sowie Wollust. Wenn das alles Todsünden sind, dann bin ich rettungslos verloren. Und unsere ganze moderne Gesellschaft ebenfalls!

Alles in mir sträubte sich gegen den Druck, den diese Fixierung auf die Sünde ausstrahlte. Du, Jesus, bist doch nicht als der große Vergelter gekommen, der uns tausend Lasten und Aufgaben aufbürdet, uns Druck macht und dann doch allein lässt! Wie war das bei Zachäus, diesem Betrüger und Ausbeuter? Du hast ihn umarmt und bist mit ihm in sein Haus gegangen. »Du bist Zachäus, Gottes geliebtes Kind«, so hast du zu ihm gesagt. Du hast ihn angenommen. Und erst dann war die große Veränderung in seinem Leben möglich.

Ich schaute Jesus an, und zum ersten Mal seit längerer Zeit sah ich ihn lächeln.

Tiefe

Das wahre Licht,
das jeden Menschen erleuchtet,
kam in die Welt.

JOHANNES 1,9

Ist etwas falsch an meinem Glauben, fragte ich mich. Macht mir der Glaube Druck? Oder spielt sich mein Glaube nur im Kopf, in den Gedanken ab? Woran soll ich denn glauben, Jesus? An die Todsünden, an die Hölle? Oder an den Himmel? An die Erschaffung der Welt in sieben Tagen oder in Milliarden Jahren? An

Gott als persönliches Gegenüber oder an ein göttliches Prinzip? Ach, ich hätte so viele Fragen.

Mir fiel ein Buch des amerikanischen Theologen Harvey Cox in die Hände. Darin beschreibt er, wie die ersten Christen ihr ganzes Vertrauen auf Jesus und Gottes Liebe setzten. Doch aus dem lebendigen Glauben wurde mehr und mehr eine Religion des Fürwahrhaltens. »Aus einer kraftvollen Glaubensbewegung wurde eine starre Phalanx aus vorgeschriebenen Glaubensüberzeugungen« (Harvey Cox, *Die Zukunft des Glaubens*, Freiburg 2010).

Es wurden immer mehr Dogmen festgelegt, die jeder Christ für wahr halten musste. Langsam wurde mir deutlich, dass Jesus mir keine Glaubenssätze bringt. Jesus will vor allem mein Herz berühren. Er will meine müde Seele zum Tanz einladen. Er will Liebe und Licht statt Lehrsätze und Verbote. Mein Verstand, der immer noch so stolz auf sein Büro bei der Hafenbehörde war, war zutiefst beleidigt.

In dieser Zeit begann ich, mehr und mehr auf die inneren Bilder zu achten, die manchmal auftauchten, wenn ich zur Ruhe kam, die Augen schloss und »an nichts Besonderes dachte«. Eines Abends sah ich fast wie im Traum die folgenden Bilder:

Durstig irrte ich in einer mir fremden Wildnis umher auf der Suche nach Wasser. Nach einiger Zeit kam ich an den Rand einer Anhöhe, wo mich ein wunderbarer Blick hinunter ins Tal erwartete. Dort unten erblickte ich einen herrlichen Wasserfall. An der Stelle, wo er in den Fluss stürzte, glitzerten unzählige Wassertropfen in der Sonne in den Farben des Regenbogens. Was für ein Bild!

Doch als ich näher hinsah, entdeckte ich eine große Mauer vor dem Fluss. Vor der Mauer standen zahllose Menschen, einige mit Krügen in der Hand, die von Soldaten daran gehindert wurden, Wasser zu schöpfen und zu trinken. An einer Stelle sah ich eine lange Reihe Tankwagen, die passieren durften, um im Fluss Wasser zu tanken. Und ich entdeckte riesige Rohre, die vom Fluss fortführten. Etliche der wartenden Menschen kehrten enttäuscht und ohne Wasser wieder um.

Ich entschied mich, gar nicht erst hinunterzugehen, sondern blieb auf der Anhöhe und setzte meine Wanderung in einem angrenzenden Wald fort. Nach langer Zeit hörte ich plötzlich einen wunderbaren Gesang. Es war eine Mischung von alten Stammesgesängen, von religiösen, mir vertrauten Liedern und den Hoffnungsliedern der schwarzen Sklaven. Ich folgte der Richtung des Gesangs und kam schließlich zu einer Gruppe Menschen, die fröhlich und angeregt um eine Quelle herum saßen.

Sofort wurde ich eingeladen, mich dazuzusetzen. Es kreisten einige Schöpflöffel aus Holz, aus denen jeder das klare Quellwasser trinken konnte.

Mehr und mehr Menschen kamen hinzu – wohl auch solche, die unten am Fluss abgewiesen worden waren. Alle waren willkommen und konnten von der Quelle trinken. Ich war glücklich und hatte das Gefühl: Hier habe ich alles, was ich brauche.

Ich dachte lange über diese Bilder nach und fragte, was sie mir zu sagen haben. Kann es sein, dass wir in der Kirche Mauern bauen, uns gegen andere abgrenzen und Menschen verdursten lassen? Wenden sich Menschen enttäuscht von uns ab, weil sie daran gehindert werden, zum erfrischenden Wasser zu gelangen?

Jesus sprach von lebendigem Wasser. Dieses Wasser habe ich im Traum an der kleinen Quelle im Wald gefunden. Und dort habe ich das erlebt, wonach die meisten Menschen sich sehnen: Frieden, Gemeinschaft und Liebe.

In der folgenden Zeit begann ich, intensiver als bisher nach spirituellen Erfahrungen zu suchen, nach dem Saum des Göttlichen zu greifen, nach der lebendigen Freude des Glaubens, nach Licht und Liebe.

Ich suchte die Begegnung mit Jesus im Gebet, im Schweigen, in der Musik. Ich suchte die Begegnung in heiligen Texten, die plötzlich völlig anders zu mir redeten. Ich suchte sie in inneren Bildern, die mir nach und nach zu einem Schatz wurden.

Immer häufiger schloss ich zwischendurch einmal die Augen (nein, nicht beim Autofahren!) und war gespannt, was mir gezeigt wurde – durch Gott, durch meine Seele, durch das Leben. Und ich erfuhr Gott als Gegenüber, als Vater, und zugleich als den alles umfassenden Seinsgrund.

Ich erinnerte mich an mein Theologiestudium und an das griechische Wort *myein* (die Augen schließen), das ich damals gelernt hatte. Fast erschrocken wurde mir deutlich, dass das Wort Mystik von diesem Verb stammt. Ich, ein Mystiker? Bitte nicht! Oder sind etwa alle Menschen, die sich auf eine Begegnung mit der himmlischen Wirklichkeit einlassen, Mystiker? Alle, die sich von Jesus in ihrer tiefsten Tiefe berühren lassen?

In einem alten Kirchenlied von Gerhard Tersteegen heißt es:

Gott ist in der Mitte.
Alles in uns schweige
und sich innigst vor ihm beuge.

Das viel zitierte Wort des katholischen Theologen Karl Rahner kam mir in den Sinn, dass der Christ des 21. Jahrhunderts Mystiker sein wird – oder dass er nicht sein wird.

Freiheit

Ich bin gekommen,
damit sie das Leben haben
und es in Fülle haben.
JOHANNES 10,10

Ich dachte lange, ihn in alten Texten zu finden. Und in komplizierten Auslegungen und Erklärungen. Und erst, als ich mich innerlich neu für ihn öffnete, begegnete ich nicht länger alten Texten, sondern dem Lebendigen.

So wurde Jesus für mich immer mehr zu dem Liebenden, dem Heilenden, dem Segnenden. Und viele seiner »alten« Worte wurden für mich zu völlig neuen Worten. Es ging nicht mehr darum, von Jesus zu lesen, Jesus zu verstehen und zu erklären – es ging darum, von ihm berührt zu werden. Und ich bekam eine Ahnung von einem Glauben, der lebendig ist und lebendig macht.

Vor vielen Jahren schrieb ich einen kurzen Text, der plötzlich so gut in meine augenblickliche Situation passte:

Ich dachte, ihn zu finden
in muffigen Bibliotheken,
wo ich nur an der richtigen Stelle
nachschlagen müsste.

Ich dachte, ihn zu finden
in Anweisungen und Gesetzen,
die ich nur treu und gewissenhaft
befolgen müsste.

Ich dachte nicht mehr
ihn zu finden –
und begegnete dem Lebendigen
und begann zu leben.

Mehr und mehr werden die Jesustexte im Neuen Testament zu Orten, an denen mir Jesus begegnet. Und ich lasse mich einladen, Lasten abzulegen. Ich höre auf, mir Anerkennung »verdienen« zu wollen. Und es gibt Tage, an denen ich ohne Druck lebe, weil ich erkannt habe, dass ich nichts »muss«.

Ist es nicht sonderbar, dass wir so lange in Gefangenschaft verharren, statt uns für die Freiheit zu entscheiden? Gefangen in Ängsten, in Regeln, in Moralvorstellungen, in dunklen Gottesbildern.

»Es ist unser Licht, nicht unsere Dunkelheit, die uns am meisten Angst macht« (Marianne Williamson). Jesus schenkt mir das Licht nicht, damit ich es zudecke. Er will, dass es hell leuchtet. Er schenkt mir seine Liebe nicht, damit ich sie für mich behalte, sondern damit ich sie verschwende. Er schenkt mir meine Gaben und Fähigkeiten nicht, damit ich sie verschämt verstecke, sondern sie zu meinem Wohle und zum Wohle meiner Mitmenschen einsetze.

Während viele noch fragen und grübeln, ob Jesus von einer Jungfrau geboren ist oder nicht, ob er tatsächlich Menschen geheilt hat und ob er wirklich von den Toten auferstanden ist, sind die anderen längst mit ihm unterwegs.

Ich freue mich, dass ich dabei bin. Häufiger als früher zwinkert er mir zu, und manchmal höre ich ihn leise lachen. Wenn Sie mich suchen – ab und zu finden Sie mich im sicheren Hafen. Mein Büro bei der Hafenbehörde habe ich behalten. Aber häufiger als früher bin ich unterwegs auf dem offenen Meer.

Rainer Haak ist verheiratet und lebt mit seiner Frau Angelika, Musikerin und Sängerin, und zwei Kindern als Schriftsteller in Lüneburg.

Von ihm erschien 2015 »Dir neu begegnen. Gebete« (Verlag Katholisches Bibelwerk, Stuttgart).

Informationen über Bücher und Veranstaltungen: www.rainerhaak.de

Internetblog: www.glaubenssplitter.com

Federzeichnungen von Rembrandt van Rijn
S. 11: Anbetung des Kindes, um 1635
S. 32: Jesus rettet den sinkenden Petrus, um 1632/33
S. 42: Jesus und die Samariterin, um 1648/49
S. 55: Maria und Martha, um 1648–50
S. 66: Jesus heilt zehn Aussätzige, um 1652
S. 82: Jesus im Sturm auf dem See Gennesaret, um 1654/55
S. 86: Die Fußwaschung, um 1650
S. 89: Auf dem Weg nach Emmaus, um 1655–1656
S. 94: Der ungläubige Thomas, um 1655

Ein CAMINO-Buch aus der

Gestaltung: Finken & Bumiller, Stuttgart
Umschlagmotiv: Rembrandt van Rijn,
Heilung der Schwiegermutter des Petrus, um 1650–60
Autorenfoto: © Jürgen Müller
Herstellung: Finidr s.r.o., Český Těšín
Printed in the Czech Republic

ISBN 978-3-460-50015-0